« Oh nuit ! Oh ma tranchante
Oh silence ! Douce tenancière ! »

Christian PRESENT

Jouisseur de rien

© 2022, Christian PRESENT
Édition : BoD – Books on Demand,
12/14 rond-point des Champs-Élysées, 75008 Paris
Impression : BoD - Books on Demand, Norderstedt, Allemagne
ISBN: 9782322409730
Dépôt légal : janvier 2022

La lutte,
L'ennui et l'optimum
Un jour et un peu de brouillard
Un acte à divertir
La claustration est un cœur malléable
Sous un ciel doux, l'écarlate quémande sa pitance.
La posture de trop, convainc la brusquerie.
Délicate attention
Des hilarités au visages s'enracinent
Il y a des arbres sur les lèvres
L'affluence est heureuse
Un verre de tafia
Le jour ne se lève plus.
Tonitruant sur ce sol boitillant
La minute recèle
La seconde ruisselle
L'heure vagabonde est espérée.
Le vacarme d'une note de sol
J'improvise le morcellement du corps en miette
Je ne suis pas un calcul du temps
Juste un poète écervelé sur une terre empoisonnée.
Trèves de bavardages

Les doigts gelés déterrent mon rêve
Allocutions bienveillantes
Le pilori et le pendu
Faut que tu sois sans extravagance !
Il y a encore de la place au fond d'une salle
Prose et vengeance
Rimes et chrysanthèmes
Le beau est encore vrai sur les lèvres de l'amante.
Semaine épuisante
Jour encombrant
Ses bras encore douteux
Sexe et fond de verre !
La boue n'existe pas !
Emotions tardives
J'écris encore sur ma lie
Respirer ou mourir !
Suis-je l'épaule de ses bienséances ?
Un doigt sur la plaie
La craie et l'instant
Je n'oublie pas les résidus de cendres
Peindre ou écrire

Un âge doit garder ses défaites à l'ombre !
Le verbe paraître fredonne à gorge déployée
Silences et parfums
Tortures et sommeils
Sommeils et cautérisations.
La caresse du petit matin

Affligeante sérénade

Qu'elle ivresse pour conjecturer ?
Reclus sans superflus
Arcanes subversifs
Balades sur les remparts ma rétine
Refuge altruiste
Quelques lignes semeuses
La scène est à vivre !
Désarrois
Soleil déchiré
Parloirs et anecdotes
L'enfermement n'a pas d'espoir.
Lueurs et étincelles

Ton cœur ne brûle pas encore !
Combien de secondes abrutissantes dans les jours prochains ?
Evasion !
Lune débrouillarde

Manigance de l'ex-fugitif
Déjà le syndrome de la fuite
Les draps sont froids
Je ne fais plus d'éclat
Dans son regard scélérat.
Minuit sans un soleil
Une lune sans les cloches de midi
Déjà la onzième heure.
Végétation hivernale
Fenêtre à l'affut
Claudia ! Prénom dans un rêve !
Le diable et l'adolescence !
Un opéra sur un air de paradis perdu
Vouloir son âme, n'a plus d'échelle.
Philosophie de l'instant pas pris
Aime-moi pour que je n'existe plus !
Guéris mes égarements
Et je t'oublierai !
L'hiver couve encore mon île
Les pas de l'aube
Esclaves de la chaise qui m'attend

Et voilà mes mornes sur le quai d'une gare.
Jouisseur du rien !
Jouisseur à la petite semaine !
Je peux te faire la bise ?
Elle, mon récif
Langoureuse et bestiale
Elle tâtonne mes ambiguïtés
L'hécatombe devient destin.
Le point d'avant n'est que le début
Le brouillard s'est invité au festin
Maniaque de l'obscurité
Insomniaque quand la nuit est étoilée.
L'ivresse n'est pas un savoir disent-ils !
Je me suis confessé dans une nuit d'hôtel
Elle s'est arrêtée en plein ébats
Pourquoi lui avouer ma foi en dieu ?
La mélodie des genoux par terre n'a plus de soldats !
Trêve sans une sève
Balade sans controverses
On a débattu sur le vide du jour.
Heureux ! Le mot est lancé.
Boueux ! Le mal est dépecé.

Prononcer un mot déjà dit

Défaire !

La besogne récalcitrante

Une heure immonde

Combien de lignes ? Combien de mots ?

Combien d'imprécisions ?

Combien de rivières nauséabondes ?

Combien de cœurs à enflammer ?

Je n'ai plus de chiffre à coudre dans mes veines !

Du vin et du pain !

Transition chaotique

J'écris trop pour un seul homme !

Le cœur de toutes mes existences

Silhouette sous un ciel qui se brise

Ombrageux silence

Je lui ai parlé d'éternité.

Voilà l'instant

Voilà la chimère

Voilà l'heure du verdict

Les poings sur le cœur

L'invective et le béguin d'hier

L'élixir est derrière le rideau !
La rétine devient avare
Ma bouche bavarde et espiègle
Moi, divine créature
Je reste affamé sur cette dalle sans toit.
Infatigable résistance
Inéluctables soubresauts
Absolution !
Sur scène, à la recherche du monde
Les mots et leurs insuffisances.
Le ciel n'a plus de plafond
Son corps n'a plus de parfum
Encore un artiste mort au combat.
Aucune gare ne me suffit plus ! Aucun rail ne me conduira !
Je suis l'apothéose et l'overdose
J'ose et je cause
Le récital du dernier recours.
Antidote et poison serein
Calme et volupté
Ma mère et sa dame de premier secours.
Danseuse du lever du jour
Je caresse la bienvenue de son sourire.
Ecrire pour ne rien sentir

Cuver le mea-culpa en heures sombres
Ecrire dans un pourquoi faire incessant !
Boire et voir !
Je suis en pleine voie.
Je m'expose sous son regard incorrigible.
Le diable au corps boueux
La scène cavale et s'effrite
L'hiver dégringole et franchit le seuil
Elle et amour, elle et veines saturées
Pour ce jour qui s'ennui,
Que puis-je écrire sur cette feuille délicate ?
Brutalité et fugacité
Le couperet de l'inattendue
Je serai bientôt sous un projecteur cassé !
Le temps n'a plus d'obole
Quatre-vingt-deux raisons de l'aimer
Mère ! Je ne cherche plus la gloire !
L'espérance n'est plus un souhait
Manuscrit et débris du temps
Accalmie sous leurs applaudissements
Je me sers de tes aveux.
Je me suis consacré à faire des vœux

Et l'éclaboussure est toujours attendue.
Confiance et rails
Trains et échappées
Une gare et sa traitrise
Fuir sur une route déjà prise
Inconsolable défilement !
Attendre puis comprendre
Mort et se rendre !
Entre proses et désirs somnolents
Omnipotence de la culture du chiffre
Statistique endiablée pour croire
Je dois être un autre ?
Évangile du déjà-vu !
La foule y est déjà
Elle dépèce son courage à coups d'hésitations.
Le saut de la mélancolie
Se perdre en élucubration
Onction de la tentation
L'exagération entre mes doigts
Poésie du spasme
La nuit n'est pas attendue !
Temps-souricière
Enfant de la matière

Jour de l'éveil
Quelques luttes sommeillent
Je suis près de la barricade
Enfantant le défendable.
Une rime pour la révolte sans artères !
J'aborde l'aube sans peine
Un nombre de syllabes
Où batifole l'infatigable
Je t'aime petite minute solitaire !
Charlie entame son premier set
Enfin je retrouve l'oiseau.
Un bar et une proposition délicate
Le café est encore intact
J'ai rêvé d'amour et de prendre le large
Le monde devient fou et je suis à la marge !
Encore des minutes précieuses
Le temps est une gamine joueuse
Corps contre corps
La nuit n'est pas un mauvais sort
Entre deux idées Le bateau rentre au port.
Encore une toile à l'acrylique
La frontière attend notre décision
Que puis-je vous dire

Si ce n'est que je me vois !
Le miroir sèche le mensonge
La vérité ?
Je ne connais pas encore ses fantasmes !
Qui suis-je ?
Si ce n'est la foule qui dort en toi.
Qui es-tu, toi ?
Moi j'ai ma petite idée
Mais l'idée est encore sous perfusion narcissique.
Suis-je celui que je crois être au bout de ce que l'on appelle,
         être soi-même ?
Réflexion du petit matin accrochée au soleil du soir.
Poésie !
Le charnier est encore debout pour lui accrocher ma prose !
Au fond du calice
La paix se dispute la lie

Le couplet s'assèche
La rime ne paie plus !
On ne vit plus
L'amour ne transpire plus Poche
de résistance
Mais je ne suis plus affamé.
Se barricader pour fuir
La résistance du corps vide a été cousu sur les nuages

J'ai rêvé de ciel
J'ai usé le fiel dans la dissidence
S'enfermer et se languir
Le quai de mes amours
Poésie et figures de styles
Des révolutions qui s'empilent
La nuit était sanguine !
Tes aventures, mon sort
Tes mains, mes lendemains
Tes ailleurs, mes saints
Tes yeux, mes cieux
Tes contours, je ne suis plus sourd !
Nos étreintes, doigts sans craintes
Dans un bout du petit matin
La danse de nos cœurs du soir.
La pluie est encore rêveuse
Quand nos baisers deviennent sueurs !
Texte pêle-mêle
Garder l'équilibre
Sortir de la mêlée
Nos gestes et leurs répliques
Sous un soleil alcoolique.
L'orgasme est à portée de nos cœurs !

Secondes voraces dans une heure famélique
Doigts sur nos lèvres
Nos cieux n'ont plus peur.
Chevaucher nos silences passés
Regards et agitations !
Conquérir le rhum de ta sueur
Les Celsius garderont leurs têtes hautes.
Encore quelques pas-charniers
Et vivants nous serons à la frontière.
Recoudre nos cœurs avec nos cœurs
Apaiser la nuit de nos lèvres à l'aube
Marcher n'aura plus de pas.
Là-bas n'aura plus d'ombres
Le funeste sera égorgé de soleil
Ta main dans la mienne
Ton œil sur ma peau
L'espoir et l'horloge
Le jour sur le piédestal de la nuit
Réclame la bravoure de l'humaine cécité.
Je n'ai pas de titre pour ma prochaine balade
Je m'appelle et je n'ai plus de prénom
Je crie haut et fort et la lumière devient récif
Je vous avoue que je me suis perdu

Mes aïeux dans la salle des pas perdus
Adieux et départ du bateau sans nom !
Il y a du sang à fond de cale
Il y a des veines ouvertes par-dessus bord !
Destination inconnue.
Je suis encore en vie dans ta destination inconnue.
Je suis le vandale au pilori
Si la mort est rentable
Tu pourras fouiller mes poches dans mes cendres !
Je suis le révolutionnaire sans air
Je suis un révolté devant la tête de Joséphine
L'humanité coupeuse de tête
Image dans ma tête
Je marche seul Mon aïeul est peut-être Peul
Je suis l'horloge cassée.

Tu comptes tes heures dans mon cœur serré
Certains comptent leurs billets
Ma fille me dévisage d'incertitudes
Papa !
Le soleil sera t'il là ce soir ?
Ma fille !
Je me dois de te consoler !
Elle a besoin d'amour

Mais la solitude n'aime pas être contrariée
Nous sommes encore ses enfants.
Toi ! la foule de tous mes déboires !
Toi ! la mandibule acérée !
La faim n'a plus de voix !
Les squelettes ont leurs mains tendues,
Pendant ce temps,
La brume éteint les réverbères de l'aube.
Je m'adosse au plaisir qui comble.
Incertitude,
Je suis au bout d'une nuit qui m'a déjà oublié
Elle ne m'a pas appelé
J'ai laissé mon parfum sans une paillette.
Encore un vent funeste sur ma peau nue d'hier
Encore une proie déjà digérée !
Juste un chiffre contre un pari ?
Ecrire ! Ecrire ! Ecrire ! Ecrire
Pourquoi écrire ?
Un nouvel adepte.
J'ai cru à la parole érotique
Tu auras beaucoup d'amour !
Mon corps t'appartient !
La mise à nu puis la mise en cage

Le jour s'enfuit, la nuit s'enfuit
Rimes et proses !
Le sang doit couler dans leurs veines !
Que le bonheur soit éventré de vie !
          Combien de temps disposez-vous pour que je puisse vous haïr ?

    Je suis en cavale
      Ils m'ont volé
        l'anarchie !
Le pouvoir du peuple ?
Je me suis endormi après la lutte
Le carnaval et la beuverie dans un
dortoir. La vitesse ne percute plus
Elle désintègre.
Une chaise et le lugubre
Je te parle de bonheur
Je te parle de bienséances
L'art de vivre
Ma blessure
Je dois vivre !
Ritournelle et perpétuité
    Une pensée et prendre le temps de se
          diviser.

Un aveu de longue date
Le mot savant n'est pas un révolutionnaire.
Que dois-je dire d'autre sur mes futures lignes.
Revenir et surseoir
Surseoir et franchir
Je deviens fou !
Et la folie n'est pas attendue.
Une phrase déjà écrite importe peu
L'imminent est à conquérir
Je deviens fou
Et la folie n'est pas attendue !
Encore une date butoir
Les fenêtres sont closes
Péripéties !
Inerties !
Prophéties !
Une ampoule allumée dans la gueule !
Je pourchasse l'incompris dicible !
Artiste ! Et le monde est à offrir !
Le bonheur d'être mendiant
Des honneurs sous les projecteurs
J'ai fui l'aube

J'ai fui l'amour du monde
Je ne connais plus ma douleur
Le fauteuil s'en est chargé.
Je n'ai plus de révolution à cette heure !
Encore une rose à offrir à l'ennui
J'ai écrit pour un peu d'effroi
Le silence est un organe sensible
Le bleu est à prendre
Le rouge est à voler.
Lee Morgan n'est plus !
Résilience morbide
La scène, mon ultime combat
Donnez-moi une chaise pour vivre !
Branlante à souhait si vous voulez !
Mais ne domptez pas mon cœur vagabond !
Encore du sang
Je suis la palpitation de trop
Un requiem siège dans une coursive
Elle est à cran et l'arrêt c'est pour bientôt.
Je dérive encore un peu
La saturation est à l'affut
Une route sinueuse

Trébuchant sur la ligne droite
Je ne suis plus écrivain
Juste un peu d'amour et l'encens de très peu de chose.
Vitalité atrophiée
Je n'ai plus d'espace pour la multiplication !
Poussière et abri
Nébuleuse et ténébreuse
La vie est hors des murs
Être populaire
Le badaud dans sa vocifération :
L'argent est à traire !
Je suis mathématicien du temps qui me reste à perdre !
Que me reste-t-il ?
Le point de chute ?
J'ai rechuté dans une vie trébuchante
Ce rêve manque encore de grain à semer
Des écrits court et le temps qui s'allonge
Ombrages serviles
Demeures serviles
Exécutions serviles
Ce défilé est abominable !
Je n'ai plus de mot pour la redondance.
Quelle drogue pourrait trouver grâce à mes yeux !

La nuit court sous une couette et dans un livre.
Mes excès
Mon doigt sur le point final
Un leurre longuement disputé
Je descends après avoir vu jusqu'au bout.
Peut-être une larme
Regards éteint sans vacarmes
Elle pleure dans un train dans un très peu de destination.
Je suis là ou sa larme m'a vu.
Énième arrêt
Enième solitude
Elle cherche sa ligne de vie à chaque station
Je suis là où sa douleur m'a eu
Elle ferme les yeux pour m'éviter
Je la dévisage pour croire.
Encore sur scène à jouer l'orateur
Je suis une mauvaise pensée sur ton drapeau
L'instant n'a plus rien à prouver.
Pensée pour une traversée à l'approche
Croire au destin
Y trouver sa place
La répétition devient barbare
Aucune crevasse, aucune adversité

La ligne droite et le désamour
Nos différences deviennent suspectes.
L'encre devient moins vorace
Le quart d'un siècle devient une denrée rare !
D'un tripalium à un autre
Le don d'amour n'a plus de don de soi.
Pourrir, doit-il enfanter l'autre ?
Narcisse s'en est mêlé
Je ne suis plus pauvre
Et de mon temps, les vessies doivent payer !
Pour votre gouverne,
Les quelques mots de mon soleil du jour
Sont réservés à la postérité.
Ma Pelée veille !
Poésie !
Arme mon silence de mon père et de ma mère !
Toi ! Silex dans le cœur des autres !
Nourricière
Ma tenancière
Mon intifada
Mon cri-monde
Le mot savant est à torturé

Quand l'émotion se perd.
Vingt pages, trop court
Quarante pages, la norme !
Que dois-je tuer en bruit dans mon âme
Pour faire valoir mon existence ?
Je me distrais en faiblesses
Le péché est bon économe
Mère et ses eucharisties
Elle y puise ses jugements
Nous sommes, pierres qui amassent tout !
Je vous parlerai de ce siège-couteau
En haut d'une tour-couperet.
Le réfrigérateur ne me renvoie plus de fantômes !
Mes toiles des premiers jours sont à vendre !
Rêver de désirs
Le système broie ! Parler de désirs
Les désirs tuent !
La nuit fût courte
Réveil brutal puis l'endormissement
Réveil brutal et arrive l'horloge convenante.
L'entassement puis le départ.
Que puis-je à cette seconde de la journée ?
Le temps et ses larcins ?

Je ne sais plus quoi dire sur la terre des autres.
Anodine invective.
La nuit n'est pas venue à mon chevet.
Et revoilà le jeu et ses affres
Les turbulences de la sueur
Le vin et ses estocades
Le rhum et ses redondances
Je te vois gémir dans ton coin
« Tu nous parles encore d'alcool et de femmes ! »
À chacun son tafia !
La sérénade de celui qui ne tente pas
Ne fera pas le charme du temps qui nous reste à souffrir.
J'ai aimé, comme le regard de son sourire dans ce train
À moitié endormi.
Elle scrute mon visage et s'abstient
Elle ne me voit plus.
Ce matin, ciel houleux
Ce matin, son nu ne m'est pas destiné
Ce matin, la virulence et sa mélodie d'ambiance
Une époque formidable
Dieu s'est confié au diable
Blasphème d'un auteur en quête

L'existence du monde et mon regard aliéné
Elle se réveille
Perfides instants.
Le brouillard s'invite à la mélancolie de l'absence
Contrées où la terre se fend par amour du soleil
Entrailles où la pluie n'est pas que jérémiade.
Sol où l'amitié n'est pas une carte dans une manche
Pays où ma mère n'a pas peur des coudées franches
Les jeux sont faits !
Que tu le veuilles ou non
Ma mère réclame mon retour.
Je suis à la merci
Que dis-je !
Divagation dans un train qui roule
Ce matin rien n'émerge
Catapulte enfouie
Doigt-surin dans l'engrenage
Rouille de l'aube
Cœur qui grince
Regards qui s'épuisent
Rien à traire de cette brume
La géométrie est accablante

Humaine condition et mètre carré
L'horloge contient
Je dois être un égoïste qui plait !
Œillères s'il vous plait !
La folie sera passagère
Un énième anniversaire
Se recroqueviller devient une norme
Dois-je encore avoir le cou sous un genou !
Dois-je avoir un scalpel pour changer de peau quand tu me vois !
Ce soir, je rentrerai tard !
Pour l'instant je loge en confort
Loin du tumulte ou l'affrontement est sincère.
Errance ludique
Quatre syllabes pour ce soir.
Ennui d'une nuit qui punit
Les rideaux sont tirés
Le cri ne sera pas dehors
La lune n'a plus de balafre à m'offrir
Lancinante pensée
Verbiage et consolation
L'oubli comme un chien enragé
Morsures interminables du souvenir
Il ne pleut plus sur ma terre natale.

Nos pleurs non plus de graines
Le fouet et leurs prières
Nos espoirs et leurs églises
Fuir est un morceau de chair qui sèche au soleil !
Fuir est une empreinte sans odeurs !
Nous sommes un plus cent au nombre de mille
Le poing levé près d'une machette cherchant le jour
Beaux et sales disent-ils !
La nuit est à chérir et à craindre
Demain nous lanceront les cordes
Et que l'histoire et ses amarres ne quittent plus notre dignité.
Nous sommes et resterons.
Intermèdes pour ne pas oublier
Sermons, pouvoir et poches pleines
Je me suis laisser choir
La victoire, peu importe l'humaine condition
Notre amitié et son étiquette
Hors de prix !
Une ode pour se réconforter
L'endormissement devient redondant.
Avancer pour devancer le destin
Stratégie de la panse qui pense
La facétie et ses doigts

Le met est appétissant
Poète jusqu'à la moelle
Le rien remplit l'écuelle
Penser devient coupable
Vivre ne doit pas être palpable !
Une porte qui s'ouvre
Nos poids divergent.
Poésie !
Je dois rester fou
Je n'ai plus de nuit à heurter
J'ai rejoint la bataille de l'homme assis
Et la fenêtre du salon compte mes pas
Décompte brutal
Elle pleure ma présence.
Fruit mûr
Poison sous une belle couture
Contre le mur
Nos éclaboussures.
Des aubes brûlantes
Des lunes incendiaires
Nuits agitées, ferrailles dépecées
Matins calmes sont estropiés
La bravoure d'un jour muet

La gueule des flammes
Les crocs de l'incertitude
Il y a des solitudes à disséquer
Révolte du jour.
Révolution en aparté
Corps à corps endiablés
La foule des alizés
Exotique disent-ils !
Espérance et sang mortifère
La lance sera au bout du passage
Engagement et lutte
Les étoiles ne sont pas invitées
Propagande !
Des œillères comme bandages !
Je dois encore écrire !
Je dois encore croire !
Je dois encore espérer !
Je dois encore pleurer !
Je dois encore me taire !
Je dois encore devoir un peu de cœur à cette vie !
Peindre me fera craindre mon égo.
Les pages ne sont pas éternelles
Surtout celles où la rime n'était que des corps à une potence.

On gesticule pour se voir vivre dans les yeux des autres.
Futile et sincère
Utile et amère
Souffrance libre
Je m'évade.
La musique est à l'œuvre
Mais aucunes notes n'œuvrent.
Esprits noués
Le piédestal est asséné
Ecrire n'a plus de spasmes.
La routine et ses aisances !
J'ai assiégé ma dernière toile
J'ai vendu l'âme de mes doigts
Acrylique et strangulations.
Le canapé est étrange
Mon squelette est vivant
Amour et délicatesse
Camisoles et tendresse.
Ordres et consignes
Désordre et insignes
Les maisons se vident.
Barrages pour un nouveau paradigme
Elle me réclame de la droiture

Mes actes ont pris le maquis de l'encre
L'acier n'épousera pas ma sueur
La solitude devient une empoisonneuse
La foule est un bourreau qu'il faut déraciner
Cœurs et plaintes
Je suis à l'apogée
La prohibition devient infecte
Les arts ne sèment plus
L'imaginaire est accroché à des alinéas
Carcans de l'absolutisme
Embrassades malfamées
La croyance réitère sa flamme à l'ignorance.
Mes mornes, ses entrailles, ou le béton ferraille
La joie d'être au milieu des têtes coupeurs de têtes.
Partir maintenant
Prendre ou perdre l'instant
Demain, l'étincelle ne sera plus là
Reprendre le siège et périr sur la table
Adrénaline, quand l'espoir à un couteau dans le dos.
Sur la ligne de front, le tout est !
Le rien, guette !
Le vide est besogneux !

Je joue quand le mea-culpa patauge.
Le courage n'a plus de fils
J'enterre chaque jours mes humeurs
Vivre devient préjudiciable
Je n'ai plus de vigueur pour mes angoisses.
L'imaginaire est une poutre pourrie
J'écris pour ne pas payer la dîme
Encore quelques mots pour mon périple
Je m'enverbe sans le verbe ivre
Je me drogue sans le savoir
Ingurgiter le silence près d'une fenêtre
Jusqu'à quand devrais-je taire mon départ ?
Penser ?
Il n'a plus d'existence !
Se battre ?
Mes veines sont saturées !
On a marché !
Ils ont brûlé !
On a brûlé !
Ils ne m'ont pas vu !
Les doigts et un jerricane
Je n'ai rien fait !

L'ennui m'a tué au coin du feu
Moi, enfant des mornes et de l'insoumission
Je ne me suis pas réfugié contre la révolution
Et si écrire est un acte révolutionnaire
Et que la mort est écrite en lettres grasses sur leurs mains tendues
Ma poésie-tafia reconnaitra les siens.
Feux et barrages !
Sièges et matraques !
Mère n'a jamais quitté le front !
Je ne sais plus quoi dire
On pense savoir
On quête le possible du paradoxe humain
L'arche de Noé, est une barque de migrants sous l'eau
L'évangile des corps qui meurent sous les bombes
Ne connait pas le chevet de ton confort.
Une prière et sa misère
À chacun ses soubassements
Je ne connais pas la haine
Enseignement inlassable
Je vis dans l'amour
J'ai aimé la guerre et le feu
Encore une lettre à envoyer à ma fille.
On passe entre les gouttes

Béni Judas
Garde la main sur nos péchés.
Mélodie du corps qui abdique
Cambrures dans l'étau
Vivre, périr et mourir
Quelques convulsions erratiques
À chacun sa dictature
Je connais la semence
Le damné n'est plus à la porte
Les couloirs du monde sont vides
Le poète et l'errance
L'errance dans une maison vide
La gangrène se fraie un chemin
La haine et ses étrennes
Heures chaleureuses
Légèrement dortoirs
Recrudescence de la parole non-donnée
Le perchoir
L'opulence
Isoloir, contribution de l'être-mouroir
Tu souris à la vie, assis sur un amas de fruit à pain pourris
Urgence ! Urgence !
Mais pensez-les hauts et court !

Au détail près
Belliqueux, je ne sais plus !

Il vient de gesticuler,

                    Je suis parmi les nantis !
                    À chacun son chienlit !

Sur les sentiers de mon carnaval
Je suis un érudit sous les projecteurs
Donnez-moi une chaise, une table
Un quignon de pain et une goutte d'eau !
Repas de l'être sur la scène
Je ne saignerai pas pour toi, petit égo qui me tient à cœur !
Je ne te connais pas
Mais la rose au bout de mes doigts,
Notre entre-deux n'a plus de terre viable.
Ecrire comme un livre qui ne se lit plus
C'est que la douleur n'aura plus de nous.
Je dois peser la distance
Je crois en l'espérance
Le poids de mes aveux
Le bourreau n'est jamais loin
Le poète n'est autre que l'aiguille de la balance.

Danser sous perfusion
Indigent repas sous surveillance
La mitraille silencieuse
Parler d'amour devient une ressource imposable.
Les barrages deviennent pièces de monnaie
Rêve pensé
Cheminement altéré.
Rêve pensé
Futiles instants coupables.
Rêve pensé
Se prémunir n'existe pas !
Le lointain n'aime pas mon chevet
L'oubli est sous protection
Tu te dois de la sustenter !
J'ai chanté la paix avec une lance dans le dos
J'ai guerroyé avec mes rêves
Le temps devient long avec la besogne de l'artiste
Je ne dors plus
Conflit et abcès
Je m'en irai
Et resterai sur scène.
En attendant, j'assène des coups de vides dans notre instabilité
Entre majuscules et point finaux, le rêve égorgera !

Le temps est à son affaire Et l'aube
était encore peu claire
Quelques vers dans un train
Se ressasser ses propres déluges
Quelques heures dans la vie d'un homme
Vint quatre heures pour raturer
Pour l'instant le crépuscule s'agite
Son sein n'était pas prévu
Chevauchée gargantuesque
Esprit torturé m'a-t-elle dit
Je garde ma ligne de front
La sentence du paradoxe à chaque instant
Je l'ai épousé sur l'autel de mes délits.
Les horizons changent, mes mornes s'accrochent
Paysages contre rétines qui pensent
Prochain arrêt, je n'y pense plus
Elle se déhanche, sous les premières lueurs du soir
Les contretemps de ma nonchalance
Bientôt l'arrivé, bientôt le récital
Mes déboires à bon port
J'écris trop
Overdoses et crocs
Déjà écrit mais l'instant le mérite

La répétition n'a pas peur du lecteur
Un peu tard, une toile à vernir
Le verbe prévoir m'a été recommandé
Cette femme et mes veines
Je suis parti avec sa voix
J'arriverai dans cette ville avec son cœur dans ma cervelle
Dernières lignes avant le rendu
Dernières cacophonies du jour
Ralentissement et dépaysement
Les nuages
Réflexion du jour
Dortoir sans réticence
Esquiver
Batailler
Braver
Perdurer
Eduquer
Le verbe ressentir ne rime plus
Vocabulaire indécent
Contre solitude imposée
Je deviens prolifique
Comme ces suicides silencieux
Parlez de mes œuvres

Exercice inutile
Coupable d'être
Mon atelier n'a plus d'adresse
Comme ces pleurs dans le noir
Il fait enfin jour
Jour brumeux qui court
Je suis heureux
Sincèrement, je vous crois !
Erotisme
Eloge pacifique
Corps dans leurs états
Quelques saints voraces
Ne me demandez pas !
Je vous ai déjà fait l'aveu ! Lancinante et
volatile
Je suis suspect de tout
Vous devenez éducatrice
Ludiques matinées
Nuits brutales
Escarmouches, ongles sur ma peau
Après vous je ne serai plus poète
Et qui sait, l'acrylique ne pèsera pas lourd sous vos sourcils
Oh nuit ! Oh ma tranchante !

Oh silence ! Douce tenancière !
L'envol est prêt
Le talent n'as plus de tripalium
Choix abscons
Mon île y est pour beaucoup
Urgence et violence
Silence et résilience
Rupture de l'évidence
Pestilence et l'idée est appropriée
Vous écrirez que le soleil est beau
Que la lune est institutrice
Et que le jour est un être devant son téléviseur
Je suis le format qui plait
Opium ! alcool !
De mon ami Baudelaire
Je n'ai pu déterrer que l'alcool !
Trente-quatre pages, je ne sais plus
La destination
Insolite
Âme prohibée
Incontrôlable
Une dette à dissoudre
La science ne doute plus

Pestiféré quand tu es
Adulé quand tu n'es plus
Dans l'entre-deux
Que faire ?
La révolution et se taire ?
La légalité devient l'affront
L'affront et le jugement sur la place publique
Pour tout vous dire
Je suis jouisseur de rien.

FAIM